BEI GRIN MACHT SICH IHR WISSEN BEZAHLT

AF141782

- Wir veröffentlichen Ihre Hausarbeit,
  Bachelor- und Masterarbeit

- Ihr eigenes eBook und Buch -
  weltweit in allen wichtigen Shops

- Verdienen Sie an jedem Verkauf

Jetzt bei www.GRIN.com hochladen und kostenlos publizieren

Elisabeth Esch

Zu Boffs Werk "Kleine Sakramentenlehre"

Inhalt – Aufbau – Rezension

GRIN Verlag

Bibliografische Information der Deutschen Nationalbibliothek:

Die Deutsche Bibliothek verzeichnet diese Publikation in der Deutschen National-
bibliografie; detaillierte bibliografische Daten sind im Internet über http://dnb.d-
nb.de/ abrufbar.

Impressum:

Copyright © 2014 GRIN Verlag GmbH
Druck und Bindung: Books on Demand GmbH, Norderstedt Germany
ISBN: 978-3-656-59415-4

Dieses Buch bei GRIN:

http://www.grin.com/de/e-book/268426/zu-boffs-werk-kleine-sakramentenlehre

GRIN - Your knowledge has value

Der GRIN Verlag publiziert seit 1998 wissenschaftliche Arbeiten von Studenten, Hochschullehrern und anderen Akademikern als eBook und gedrucktes Buch. Die Verlagswebsite www.grin.com ist die ideale Plattform zur Veröffentlichung von Hausarbeiten, Abschlussarbeiten, wissenschaftlichen Aufsätzen, Dissertationen und Fachbüchern.

Besuchen Sie uns im Internet:

http://www.grin.com/

http://www.facebook.com/grincom

http://www.twitter.com/grin_com

Zu Boffs Werk Kleine Sakramentenlehre

Inhalt – Aufbau – Rezension

Inhaltsverzeichnis

1. Einleitung

Die vorliegende Ausarbeitung beschäftigt sich mit Leonardo Boffs Werk *Kleine Sakramentenlehre*. Sie wurde angefertigt für eine mündliche Staatsexamensprüfung, in der sich mit einer Monographie in einem kritischen Blick beschäftigt werden muss.

Eingangs handelt es sich um eine Nacherzählung, die seinen Gedankengang wiederspiegelt. Es wird sich an die Reihenfolge seines Buches gehalten, wobei manche Kapitel sinnhaft zusammengefasst und die Thesen seines letzten Kapitels zu den jeweiligen Stellen hinzugezogen werden.

Daraufhin wird auf der Autor vorgestellt und sein Werk kritisch reflektiert.

Zum Schluss wird nur kurz dargestellt, was laut Lexikonartikeln ein Sakrament ist, da Boff dazu ausführlich Stellung nimmt.

2. Aufbau und Inhalt

Leonardo Boff ordnet sein Werk in vierzehn Kapitel, wobei das erste Kapitel versucht in die Sakramentenlehre einzuführen und das letzte Kapitel die wichtigsten Aussagen des Buches in Thesen zusammenfasst. In den dazwischenliegenden zwölf Abschnitten stellt er zu anfangs einen Gegenstand, Geschichte oder eine Person dar, die für ihn sakramentalen Charakter besitzen und erläutert diese Sichtweise. Mithilfe dieser Beispiele leitet er dazu über, was ein Sakrament ausmacht und beinhaltet.

2.1. Eingangstor zum Gebäude der Sakramente

Am Anfang bringt Leonardo Boff an, dass sein Werk nur Leser verstehen und nachvollziehen können, die nicht nur von der Wissenschaft geleitet sind, sondern von einem anderen unsichtbaren Geist, der „den geheimen Sinn [...] [zeigt], der in die Dinge ein-geschrieben ist."[1] Dadurch kann er die Botschaft der Welt vernehmen, die aus Zeichen besteht, die er deuten kann, womit er Gott als Grundlage aller Sachen und Zeichen näher kommt. Wenn der Mensch die Stimme der Sachen wahrnimmt, „dann entsteht das Gebäude der Sakramente" (SL,12).

Boff ist der Ansicht, dass der neuzeitliche Mensch dieses Wahrnehmen der Zeichen nicht verloren hat, da er Mensch bleibt, der diese Fähigkeit grundsätzlich besitzt. Er schafft sich eigene Symbole, „die seinem Innenleben Ausdruck verleihen" (SL,12). Trotzdem kann es durchaus sein, dass der moderne Mensch „blind und taub [...] [ist] gegenüber [...] sakramentalen Riten [...], [die] kaum für und aus sich" (SL,12f.) sprechen, sondern stattdessen bedarf das Geheimnis des Zeichens besonderer Erklärung. Dies kann dazu führen, dass sich das Individuum den sakramentalen Symbolen verschließt, wobei er gleichzeigt die „Fenster seiner eigenen Seele [verriegelt], denn das Symbolische und Sakramentale bilden tiefgreifende Dimensionen der menschlichen Wirklichkeit" (SL,13).

Im weiteren Verlauf geht Boff auf drei Phasen eines sogenannten „Spiel des Menschen mit der Welt" (SL,13) ein: Befremden, Beherrschen und Gewöhnen. Die erste Phase besteht darin, dass der Mensch die Dinge bewundert und sie ihn ver-

---

[1] Boff. Sakramentenlehre, S. 11. Künftig zitiert mit Sigle SL, Seitenangabe.

ängstigen, wodurch er sich mit ihnen eingehend beschäftigt und sich ihnen verge-wissert. Daraufhin beherrscht er die Dinge aufgrund von wissenschaftlicher Ar-beit. Letztendlich nimmt der Mensch die Dinge an und sie gehören zu seinem Le-ben, wodurch sich sein Leben geändert hat und den Dingen Zeichen- und Sym-bolcharakter zukommt und sie somit zu Sakramenten werden. Demnach kann je-der Gegenstand zum Symbol und jede Verhaltensweise zu einem Ritus für uns werden. Dies erklärt Boff am Beispiel des eucharistischen Mahls: Das Brot hat sakramentalen Charakter nicht aufgrund der mit dem Verzehr herbeigeführten Sättigung, sondern der Vergegenwärtigung des Herrenmahls. Die Handlung des Essens bekommt symbolischen Charakter. Das Sakrament hat einen menschlichen Ursprung. „Diese universale Sakramentalität erreichte in Jesus Christus, dem Ursakrament Gottes, ihre größte Dichte" (SL,15), die dann auf die Kirche übertra-gen wurde. Die Übertragung findet vornehmlich in den sieben Sakramenten ihre Verwirklichung, obwohl jede Handlungsweise der Kirche sakramental ist. Alles kann sakramentalen Charakter erlangen, worauf Boff später anhand von Beispie-len eingehen wird.

Die sprachliche Struktur von Sakramenten ist narrativ, das bedeutet, sie will das eben erwähnte Spiel des Menschen mit der Welt erzählen und vergegenwärtigen und nicht argumentieren. Denn „religiöse Wahrheit [ist] [...] gelebte Erfahrung" (SL,17), das heißt, die Begegnung ist wichtig für das Verstehen und Annehmen von Sakramenten. Zudem ist sprachliche Struktur von Sakramenten „auto-implikativ [...] [und] performativ" (SL,18f.). Sakramente beziehen den Menschen mit ein und verändern ihn innerlich, sodass sein Zugang zur Welt ein anderer wird und er zusätzlich in der Welt anders handelt. Die sakramentale Sprache führt zur Umkehr, die zur Erlösung führen kann (vgl. SL,117).

2.2. Gegenstände als Sakramente

Ein Aluminiumbecher kann zu einem Symbol werden, indem er schon lange im Familienbesitz ist und somit keinem anderen Becher gleicht, da schon viele von ihm getrunken haben, die für die Familie von Bedeutung sind. Wenn das Wasser im Becher innerhalb der familiären Geborgenheit getrunken wird, schmeckt es anders und besser. Jeder, der von ihm getrunken hat, hat seine eigene Geschichte erzählt. Der Becher wurde unter den Familienmitgliedern weitergereicht und somit hat der Becher eine eigene Geschichte bekommen, womit er „beginnt zu sprechen" (SL,26). Dem Becher wird ein subjektiver Wert verliehen und wird so zu einem Zeichen, „das mich auf etwas hinweist (e-vocar), mich herausfordert (pro-vocar) und zusammen mit anderen Menschen für Situationen, Erinnerungen und Sinngehalte zusammenruft (con-vocar), das die Sache konkretisiert und darstellt" (SL,27).

Auch ein aufbewahrter Zigarettenstummel kann zu einem Sakrament werden, wenn er eine Bedeutung bekommt, indem es beispielsweise die letzte Zigarette darstellt, die ein Mensch geraucht hat, womit die Erinnerung an ihn weiterlebt. Infolgedessen erzählt der Zigarettenstummel von der Eigenart des Gestorbenen, da er seine Vorliebe repräsentiert, und bekommt besonderen Wert für die Hinterbliebenen. Der Stummel wird von einem Objekt zu einem Subjekt und ist keine einfache Sache mehr. Es „lebt, spricht vom Leben und begleitet [...] [das] Leben" (SL,31), wie ein Sakrament. „Wenn eine weltliche Wirklichkeit [...] an eine andere, von ihr verschiedene Größe erinnert, übernimmt sie eine sakramentale Funktion" (SL,31).

Ein Brot ist ein Sakrament, wenn es beispielsweise die rituelle Funktion hat, nicht nur zu sättigen, sondern die Familie an einen Tisch zu führen. Das besondere „sakramentale Brot" (SL,36) unterscheidet sich von anderen Broten, da mit ihm individuelle Erfahrungen verknüpft sind und es jeweils anderen Sinn erhält. Das wegen seiner Beschaffenheit aus verschiedenen Zutaten immanente Brot wird zu etwas Transzendentem, dadurch dass es „trans-parent für eine trans-zendente Wirklichkeit" (SL,39) wird und alle Erfahrungen, die hinter diesem Brot stecken, durchlässig werden.

Eine Weihnachtskerze kann symbol- und zeichenhaft werden, wenn sie zu einem besonderem Geschenk wird, sodass sie an Nächstenliebe erinnert und in hoffnungsloser Stunde Geborgenheit spendet.

Die von Boff gewählten Beispiele zeigen, dass sich alles zu einem Sakrament entwickeln kann, wenn der Mensch sich dem öffnet. Die Zeichen im Alltag haben sakramentalen Charakter insofern sie „Innenleben und Herz" (SL,24) besitzen und

Bedeutung für einen tragen und die Sicht auf die Dinge und die Welt wandeln. Eine Sache wird von einem Objekt zu einem Subjekt, indem es an Wert gewinnt und das Innere eines Menschen berührt. „Jedes Zeichen ist ein Zeichen *von* einer Sache oder einem Wert *für* jemanden" (SL,31).

Im sakramentalen Denken wird die Wirklichkeit symbolhaft gedeutet. Sakramentales Denken entsteht, wenn der Mensch eine Bindung mit den Zeichen eingeht, wodurch sie selbst sprechen und den Menschen ansprechen. Er nimmt das Zeichen in sich auf, womit es Teil der Welt wird. Dabei „erfahren sowohl der Mensch als auch die Welt einen Wandel" (SL,113).

Boff geht auf die Beziehung zwischen Immanenz, Transzendenz und Transparenz ein. Die Transparenz befindet sich zwischen den beiden genannten Bereichen und schließt sie mit. Die Kategorien sind miteinander in wechselseitiger Verbindung. Boff definiert Transparenz wie folgt: „Trans-zendentes wird gegenwärtig im Immanenten, sodass Letzteres durchsichtig wird für Ersteres. Indem die Wirklichkeit des Trans-zendenten in den Bereich des Immanenten eindringt, trans-figuriert es diesen und macht ihn trans-parent" (SL,40). Das bedeutet, ein Gegenstand wird transparent, verstehbar, wenn das Transzendente, was jenseits der Gegenständlichkeit liegt, in das Immanente, die Gegenständlichkeit, hineingreift. Anhand des Beispiels mit dem Sakrament des Brotes, hat der Autor schon versucht zu erklären, was die drei Begriffe bedeuten. Das Sakrament ist im Bereich des Transparenten und gehört somit auch zum Transzendenten und Immanenten. Zwischen den Kategorien muss das Sakrament Einklang haben, da ansonsten der Gegenstand nicht mehr transparent werden kann. Denn es besteht die Gefahr, dass „verimmanentisier(t)" (SL,40) wird und die Transzendenz ausgeschlossen oder auch umgekehrt, dass es „transzendentalisier(t) (SL,40) wird und die Immanenz ausgeschlossen und abstrakt wird.

Wenn Gegenstände „*sub specie humanitatis*" (SL,44) (unter den Gesichtspunkt der Menschlichkeit) zu Sakramenten werden, dann handelt es sich um „menschliche Sakramente" SL,44), die in unser Leben eingreifen und in der Gegenwart an Vergangenes erinnert und aktuell bleibt. Bei „göttliche(n) Sakramenten" (SL,44) erfährt der Mensch in seinem Innern das Geheimnis Gott. Alles auf der Welt offenbart ihn, wodurch „die im-manente Welt trans-parent für diese göttliche und trans-zendente Wirklichkeit" (SL,44f.) wird. Dadurch kann alles zu einem Sakrament werden, was „von Gott her und in seinem Licht gesehen wird" (SL,53). Sakramentales Denken ist demnach universal. Die Welt wird im Denken an Gott verstehbar. Der Mensch stellt „das größte Sakrament Gottes" (SL,45) dar und Jesus Christus, als wahrhaft Gott und wahrhaft Mensch, hat dieses Sakrament auf der Erde lebendig gemacht. Die Kirche stellt „das Sakrament des auferweckten Christus" (SL,45) dar und vergegenwärtigt ihn. Die Welt und alles auf der Welt ist göttliches Sakrament in den Augen des Gläubigen, da Gott der Schöpfer ist, wodurch die Welt transparent wird und uns ermöglicht „sakramentales Denken zu verstehen" (SL,46). Gott vereint die drei genannten Kategorien: „ein Gott und Vater aller, der über allem [(Transzendenz)] und durch alles [(Transparenz)] und in allem [(Immanenz)] ist" (Eph 4,6). Nach Teilhard de Chardin besteht „das große Geheimnis des Christentums […] in der Trans-parenz Gottes im Universum."[2]

Gotteserfahrung ist sakramental, da Gott nur in Abhängigkeit mit der Welt zu erfassen ist und wir ihn nur anhand von Dingen erfahren können, die zu Sakramenten werden. Denn das Sakrament ist immanent, weil es weltlich ist, aber zudem transzendent, weil es auf etwas außerweltliches hinweist, auf Gott. Der Gegenstand weist demnach auf Gott hin und andersherum weist Gott auf das Ding, womit dem Sakrament zwei Funktionen zukommt: „*hinweisende* […] [und] *offenbarende*" (SL,46f.).

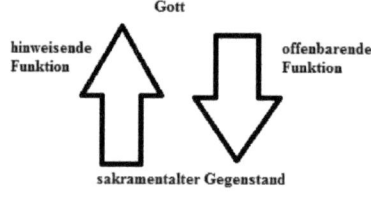

Das Sakrament ist hinweisend, insofern es auf Gott hindeutet und in ihm Gott vergegenwärtigt wird. Zudem offenbart es Gott und macht seine Göttlichkeit sichtbar, indem es ihn „vermittelt und verdeutlicht" (SL,47), da Gott im Sakrament gegenwärtig ist. Einerseits bleibt das Sakrament immanent, Teil der Welt, und andererseits wird es transparent, offenbart Göttliches.

Gott will dem Menschen begegnen in allen Dingen der Welt und andersherum findet der Mensch in den Dingen Gott vor, was sie potenziell sakramental macht (vgl. SL,64). „Je mehr der Mensch sich auf Beziehungen mit der Welt und mit

---

[2] Chardin, Teilhard de. Das göttliche Milieu 162, zitiert nach SL,46)

anderen Menschen einlässt, desto mehr öffnet sich ihm die Spannweite von Bedeutung, Symbolik und Sakramentalität" (SL,113).

2.3. Lebensgeschichten als Sakramente

In manchen Situationen kann gegenwärtiges Geschehen nur mit dem Blick in die
Vergangenheit verstanden und sinnvoll werden, womit das Vergangene aktualisiert wird. Als Beispiel geht Boff auf seine Priesterweihe ein. Er erklärt, wie die
Stationen seines Lebens auf die Entscheidung seines Berufswunsches eingewirkt
haben, so auch ein Besuch eines Priesters im Dorf. Mit Blick zurück hat das da-
malige Ereignis seinen zukünftigen Werdegang bestimmt, bereits angekündigt
und vorbereitet, womit es sakramental wird. „Vergangenheit ist Sakrament der
Gegenwart" (SL,54). Alles in der Vergangenheit wird sakramental, wenn es rück-
blickend für die gegenwärtige Situation an Bedeutung gewinnt und auf die Gegenwart vorbereitet. Die Urkirche sah in den Lebensgeschichten sakramentalen
Charakter, da darin Gottes Heilsplan dargestellt und sinnhaft und zugleich das
Reich Gottes vergegenwärtigt wird. Die Geschichte ist im christlichen Glauben
der Ort, in dem wir Gott antreffen können. So gilt die „Heilsgeschichte, die sich
von Adam bis zum letzten Heiligen erstreckt, [...] als Sakrament" (SL,114).
Wenn die Heilsgeschichte sakramental ist, so sind es folgendermaßen auch die
Phasen in der Geschichte. Die Menschheitsgeschichte ist „Sakrament der Befrei-
ung oder Unterdrückung, des Heils oder Unheils" (SL,57). Der Jahwist beispielsweise versteht angesichts seiner aktuellen Erfahrungen des Friedens die Vergangenheit „als Konkretisierung des göttlichen Heils für das Volk Israels" (SL,54).
Der Elohist allerdings deutet 210 Jahre später, als das Nordreich von den Assyrern
umlagert ist, die Vergangenheit „als eine Hinführung zu dieser nationalen Kata-
strophe [...], [als] eine Geschichte des Unheils" (SL,55). Im Neuen Testament
wird die vergangene Schöpfung schon auf Jesus Christus orientiert gesehen und
die Bedeutung dessen wird nur durch ihn verstehbar. „Worum [...] sich [Abra-
ham, Mose und Jesaja] bemühten, realisierte Christus. Sie sind Sakramente Christi" (SL,56). Die Lebensgeschichte kann auch mit einem Blick in die Zukunft, auf
das Ende hin, beurteilt werden, womit „alles zu einem vorbereitendem Sakrament" (SL,57) wird.

2.4. Personen als Sakramente

Personen erhalten sakramentalen Charakter, wie beispielsweise Boffs Grundschullehrer, der für ihn „das sakramentale Symbol menschlicher Grundwerte" (SL,59) darstellt, indem er nach diesen Werte konkret lebt. Wie zuvor erwähnt, können Geschichten zu Sakramenten werden, wenn ihnen Sinn zukommt. Der Sinn kann durch Personen das Optimum erreichen, wie beispielsweise durch Abraham, Noah oder David, denen dann sakramentaler Charakter zukommt. So ist Jesus Christus ein Sakrament, da „in ihm […] die Heilsgeschichte als Realisierung von Sinngebung überhaupt zu ihrem unüberbietbaren Höhepunkt gekommen" (SL,63) ist. Er wird zum „Quell-Sakrament Gottes" (SL,63), weil als „das Ebenbild des unsichtbaren Gottes, der Erstgeborene vor aller Schöpfung" (Kol 1,15) seine Worte und Handlungen den Heilsplan Gottes symbolisieren und den Menschen verständlich machen. Es wird von „*mysteria et sacramenta carnis Christi*" (SL,63) geredet. Jesus Christus hat menschliche Natur, durch die wir Gott verstehen können, und er hat göttliche Natur, durch die wir den Menschen begegnen können. Er ist „greifbarer Ausdruck der Liebe Gottes (absteigende Bewegung) und […] die letztgültige Form der Liebe des Menschen (aufsteigende Linie)" (SL,64).

2.5. Das Sakrament des Hauses

Ein Haus kann sakramentalen Gehalt bekommen, wenn es zum Beispiel das eigene Heim ist, zu dem gerne zurückgekehrt wird. Dadurch ist zudem alles im Haus ein Sakrament, da es Teil an dem großen Sakrament besitzt. Das Haus erweist sich dann als „Quell-Sakrament" (SL,69), durch das alles in die Sakramentalität hineingezogen wird. So kann auch die Kirche als Quell-Sakrament Gottes bezeichnet werden, da es „das große Sakrament der Gnade und des Heils in der Welt" (SL,70) ist. Jesus Christus ist das Sakrament Gottes und die Kirche ist das Sakrament Jesu Christi weitergelebt, indem es in der Kirche und ihrer Liturgie aktualisiert wird. „Die wahre Heilswirklichkeit der Kirche [besteht aus] Jesus Christus und sein Geheimnis" (SL,71). Der Glaube an die Auferstehung Jesu Christi lebt in der Heilsgemeinschaft der Kirche weiter. Sie wird als „*mirabile et ineffabile sacramentum*" (SL,72) genannt. „Da Christus kosmische Ausmaße besitzt und alles durchdringt und erfasst, umgreift und durchdringt auch die Kirche alles" (SL,73). Das heißt, so wie beim Haus, sind auch innerhalb der Kirche alle Gegenstände und Taten und Worte sakramental, da sie auf das Sakrament Jesu Christi hingeordnet sind und es symbolisieren: „Liturgie, […] karitativer Dienst, […] prophetische Verkündigung […], das konkrete Leben der Christen" (SL,115).

2.6. Die sieben Sakramente

Nun stellt sich angesichts dessen die Frage, warum es die sieben Sakramente in der katholischen Kirche gibt, wenn doch alles in der Kirche sakramental ist.

Anfang des 12. Jahrhunderts wurden von Rudolf Ardens, Otto von Bamberg und Hugo von St. Viktor „sieben […] Gesten der Kirche" (SL,76) herausgestellt, die auf der Synode von Lyon 1274 und dem Konzil von Florenz 1439 offiziell anerkannt wurden. Im Konzil von Trient 1547 wurden sie zu den heutigen sieben Sakramenten: Taufe, Firmung, Eucharistie, Buße, Krankensalbung, Priesterweihe und Ehe (vgl. SL,76f). Die Auswahl wurde anhand deren tieferen Sinn vorgenommen: die Sakramente sind genau da angesiedelt, wo in unserem Leben besondere Zeiten herrschen. Boff nennt es die „existenziellen Knotenpunkte" (SL,78), in denen Gott besonders stark hervortritt und erfahren wird. „An der Stelle, an der sich Leben mit *dem* Leben berührt, geschieht Sakrament" (SL,82). Somit stehen die sieben Sakramente sinnbildlich für das gesamte Leben des Menschen, die ihm Beistand geben sollen."

Die symbolische Zahl sieben ergibt sich aus dem Ergebnis 3+4. Dabei ist die Zahl 4 „das Symbol für Kosmos (die vier Elemente: Erde, Wasser, Luft und Feuer), Bewegung und Immanenz. Drei ist das Symbol für das Absolute (Heiligste Dreifaltigkeit), für Geist, Ruhe und Transzendenz, […] wie auch die Begegnung zwischen Gott und Mensch" (SL,81). Die Zahl sieben soll also aufzeigen, dass der menschliche Körper und Geist „durch die Gnade [, welche das Sichtbarwerden Gottes ist], Gottes geweiht ist" (SL,81).

Das Sakrament der Taufe. Das Neugeborene kann noch nicht für sich alleine sorgen und ist abhängig von seinen Bezugspersonen. In der Taufe, die meistens im

11

Säuglingsalter geschieht, wird das Kind in Abhängigkeit zu Gott gesetzt und wird Teil des göttlichen Lebens Christi.

Das Sakrament der Firmung. Die Firmlinge befinden sich in der Pubertätszeit und somit sind sie auf der Suche nach Identität. In der Firmung, welches „Sakrament der christlichen Reife" (SL,79) ist, sind sie Gott nahe und erfahren ihn.

Das Sakrament der Eucharistie. In der für das Leben unabdingbaren Nahrung weiß sich der Mensch in Abhängigkeit zu anderen. In der Eucharistie sieht der Glaubende sich in der „Teilhabe am göttlichen Leben" (SL,79), indem er das Leib Christi aufnimmt und in der Verbindung zur Auferstehung steht.

Das Sakrament der Ehe. Die Liebenden merken, dass gegenseitiges Vertrauen und Treue in der Beziehung dazugehören und von irgendwo her bestimmt sein müssen. Sie spüren, dass die „menschliche Treue [von Gott] abhängt. Das Sakrament erhellt die Gegenwart Gottes in der Liebe" (SL,79). Die Ehe symbolisiert, dass Jesus Christus sich mit den Menschen vereinigt hat.

Das Sakrament der Krankensalbung. Der Mensch hat keine Gewalt über seine Krankheit und ist demnach abhängig. Dieses Sakrament „bringt die Heilsmacht Gottes zum Ausdruck" (SL,79).

Das Sakrament der Buße. Jeder Mensch sündigt einmal und hofft auf Vergebung. „Das Sakrament der Umkehr [...] artikuliert die Erfahrung der Vergebung und der Begegnung zwischen dem verlorenem Sohn und den gütigen Vater" (SL,79).

Das Sakrament der Priesterweihe. In diesem Sakrament werden Menschen dazu geweiht, „Versöhnung zu leben und der Gemeinschaft zu dienen, damit so Versöhnung ermöglicht wird" (SL,80).

Die einzelnen Sakramente bekommen ihren Sinn nicht, indem sie einzeln aufgefasst werden. Sondern es müssen vielmehr die damit verbundenen Riten ins Auge

gefasst werden, die das Heil Gottes symbolisie-
ren, wobei die Riten selbst sakramental sind.
Somit haben Sakramente auch einen religiösen
kulturellen Hintergrund und sind aus ihrer Geschichte her entstanden. Schon bevor es die Kir-
che gab, waren die Menschen in „einer sakramentalen Verbindung mit der Gottheit" (SL,86). Sakramente werden christlich, wenn die Sakramente Gottes, die
vertikal zum Himmel weisen, sich mit der Lebensgeschichte Jesu verbinden, die
sich horizontal vollzieht. Durch Jesus Christus sind die Sakramente „mit dem Geheimnis des Mensch gewordenen Wortes verknüpft" (SL,87) und Teil der Geschichte. Das christliche Sakrament setzt „das göttliche und in den verschiedenen
Religionen prä-existente Sakrament voraus und [nimmt es] in sich auf […] und
[deckt] eine in diesen göttlichen Sakramenten […] präsente Wirklichkeit auf und
[offenbart] jetzt im Lichte des Christusgeheimnisses.[…] [Die] Gegenwart des
ewigen Wortes [wirkt] […] durch das göttliche Sakrament" (SL,87f). Jesus Christus ist aus diesem Grund in einem gewissen Sinn der „Urheber" (SL,88) der
christlichen Sakramente. Denn er schwingt als ewiger Logos in den Riten mit,
welche die Verbindung zwischen Gott und Mensch aufzeigen und den Ritus wirk-
sam werden lässt. Als menschgewordener Logos zeigt er sich in der Menschheitsgeschichte und zeigt auf, dass alles mit seinem Geheimnis verknüpft ist. In min-
destens drei Sakramenten kann eine Verbindung zwischen dem Glaubenden und
Jesus Christus hergestellt werden, wie zuvor schon erläutert: „Die Taufe verkör-
pert das Neugeborenwerden in Jesus Christus, die Eucharistie die Nahrung für das
neue Leben in Jesus Christus und die Buße die Wiedergeburt des Lebens"
(SL,89). Boff ist der Ansicht, dass Jesus die Sakramente und die Struktur der Kirche intendiert hatte, durch die die Gnade erkennbar wird, da er „die Kirche als
universales Heilssakrament wollte" (SL,89). Da Jesus Christus das Sakrament der
Kirche wollte und, wie schon erläutert, alles um und in der Kirche sakramental ist,
da es Teil des großen Sakraments der Kirche ist, gilt er als Urheber der Sakramente, die somit von Christus her kommen und zu ihm zurückführen.
Nach Boff sind alle Sakramente christliche, auch die heidnischen, da sie „die
heilswirksame Gnade Gottes und den Liebesplan des Vaters, der sein Heilsprojekt

durch Jesus Christus verwirklicht" (SL,86), vergegenwärtigen. Jede Religion hat eine sakramentale Struktur, da jede den Menschen in Beziehung zu einer Gottheit sieht.

2.7. *Ex opere operato* und *non ponentibus obicem*

Ein Wort zeigt die Beschaffenheit des Sprechers auf, so wie ein Sakrament, das realisiert, was es ausdrückt, wobei das gesprochene im Gegensatz zum geschriebenen Wort nicht aufgehoben werden kann. Boff führt an, dass Sakramente "*ex opere operato*" (SL,94) (aufgrund des Vollzugs des Ritus) wirken, indem Jesus Christus bei Vollzug des sakramentalen Ritus in unser Innerstes kommt und zwar wegen des von Gott gegebenen "Versprechens" (SL,94), da Sakramente an sich keine "geheime Kraft" (SL,94) besitzen. Nach dem Vollzug des sakramentalen Ritus, ist uns Gott und Jesus Christus gegenwärtig. Gott gibt den menschlichen Sakramenten göttliche Wirkung. So bekommt das eucharistische Brot neben der Bedeutung des Sättigens auch die Bedeutung als "himmlische(s) Brot, das Jesus Christus selbst ist" (SL,94), womit das Brot "den Hunger des Menschen nach Erlösung stillt" (SL,95). "Die sakramentale Gnade wird […] [von] Gott allein begründet" (SL,95). *Ex opere operato* will anzeigen, dass "die Gnade […] im Ritus selbst präsent [wird] und […] die Glaubenswahrheit" (SL,116) bekundet.

Durch Jesu Christi Auferstehung und Tod können wir uns in Gottes Gnade sicher wissen, da er uns durch seinen Sohn die Sünde vergeben hat. Aus diesem Grund spricht Boff davon, dass Jesus Christus Gottes "Garantiewort" (SL,95) ist, weswegen er als "Ur- und Quell-Sakrament Gottes" (SL,96) gilt, das in der sakramentalen Kirche in die Gegenwart hineinreicht. Jesus Christus ist "Ursakrament Gottes" (SL, 115), da er der "Höhepunkt der Heilsgeschichte" (SL,115) ist und weil "die Kirche der fortlebende Christus ist, heißt auch sie universales Heilssakrament" (SL,115) mit ihren einzelnen geschichtlichen Phasen. Die Kirche steht dem Menschen bei den Knotenpunkten seines Lebens zur Seite, die mit sakramentalen Riten begleitet werden, womit er in Beziehung zu Jesus tritt. Der Vollzug der Riten will das Garantiewort Gottes zu dem Menschen verdeutlichen und ergreifen. Er will in besonderen Situationen des Lebens zeigen, dass Gott nahe und gnädig ist. Jedoch muss der Mensch die Gnade auch annehmen und demnach handeln, ansonsten ist das Sakrament inhaltsleer. Denn das Sakrament zeigt sich „als Begegnung zwischen Gott, der zum Menschen herab-steigt, und dem Menschen, der zu Gott hinauf-steigt" (SL,101). Das bedeutet, dass auch das „*non ponentibus obicem*" (SL,101) (kein Hindernis in den Weg legen) neben *ex opere operato* wichtig ist. Umkehr und Versöhnung kann nur geschehen, wenn es keine Hindernisse gibt, das heißt auch keine gedanklichen. Beide zu versöhnenden Parteien müssen offen dafür sein. Dies macht Boff beispielhaft mit einer Familie aus seiner Heimat deutlich. Die Begegnung mit Gott im Sakrament kann nicht von jetzt auf gleich geschehen, sondern der Mensch kann erst allmählich für Gottes Gnade offen werden. Die Aufnahme der Sakramente Gottes im Leben des Menschen benötigt die Umkehr, da ansonsten zu viele Hindernisse im Weg stehen. So meinte schon Paulus: „[27] Wer also unwürdig von dem Brot isst und aus dem Kelch des Herrn trinkt, macht sich schuldig am Leib und am Blut des Herrn.[28] Jeder soll sich selbst prüfen; erst dann soll er von dem Brot essen und aus dem Kelch trinken. [29] Denn wer davon isst und trinkt, ohne zu bedenken, dass es der Leib des Herrn ist, der zieht sich das Gericht zu, indem er isst und trinkt" (1 Kor 11,27-29). Wenn die Umkehr geschehen ist und das Sakrament gefeiert wird, wird der Glaube an Gott noch stärker zelebriert.

2.8. *Sacramentum*

Das Wort Sakrament leitet sich vom lateinischen *sacramentum* ab, was Boff mit „Engagement und heilige Verpflichtung" (SL,104) übersetzt, ergo eine Verpflichtung zur Umkehr in den Ansichten und Standpunkten bis zum Martyrium. „In der Urkirche erhielt nur der das Sakrament der Taufe (den Ritus), der sich für das Engagement (sacramentum) im Martyrium bereit erklärte" (SL,104). In späteren Jahren bezog sich das lateinische Wort nicht mehr auf das Engagement, sondern auf den Ritus selbst, der die christliche Pflicht aufzeigt. Es wird deutlich, dass das Sakrament den Gipfel des Engagements und der Umkehr veranschaulicht.

2.9. Dia-bolisches und Sym-bolisches im Universum des Sakraments

Das Sakrament hat ein symbolisches und ein diabolisches Moment, da „jedes Zeichen […] zu einem Gegen-zeichen werden" (SL,117) kann.

Ersteres besitzt es, da es „verschiedene Ebenen vereinigt, an etwas erinnert und vergegenwärtigt" (SL,107). So wie Jesu Handeln, dass auf Gott verweist, ihn vergegenwärtigt und den Menschen mit ihm vereint. Die Voraussetzung für das Sakrament ist der Glaube, welchen es ausdrückt, verstärkt und weiter fortleben lässt. Der Glaubende ist fähig, in Gegenständen, Personen oder Geschichten die Präsenz Gottes zu spüren, wodurch Gott „in allem präsent" (SL,114) ist und diese sakramentalen Charakter gewinnen. Die Welt „wird zum Sakrament Gottes" (SL,114), weswegen nur Glaubende Sakramente verstehen können. Durch den Glauben tritt der Mensch in einen Dialog zu Gott ein: „Einmal bringt sich der Mensch in und durch das Sakrament Gott gegenüber zum Ausdruck […]; zum anderen teilt sich auch Gott im Sakrament dem Menschen mit, indem er ihm Liebe, Leben und Vergeben zukommen lässt" (SL,108). Der Mensch muss in der Verbindung zur Kirche stehen, um ein Sakrament empfangen zu können, da es „das universale Sakrament Kirche konkretisiert" (SL,109). Zudem ist das Sakrament „rückblickende Erinnerung, […] vergegenwärtigte Erinnerung, […] [und] Antizipation" (SL,109). Es erinnert an Vergangenes, hält es wach und zelebriert die Gnade Gottes in der Gegenwart und nimmt Zukünftiges vorweg. Das Sakrament bedarf der Konversion, die Handlungsbezug besitzt, die in Riten und Gesten zum Ausdruck kommt.

Das Sakrament kann diabolisch werden, wenn es gefeiert wird, ohne dass eine wirkliche Umkehr stattgefunden hat. Damit trennt sich der Mensch von Gott. Dann wird das Zeichen zum „Sakramentalismus" (SL,110). Denn im Sakrament vergegenwärtigt sich die Annahme von Gottes Wort und wenn einer nicht daran glaubt, hat das Sakrament keinen Inhalt und wird sinnlos. Im kirchlichen Umfeld wird dann zwar nach dem Glauben gehandelt, aber im alltäglichen Leben nicht. In das Sakrament kann sich ein „kapitalistischer Geist" (SL,110) einschleichen, der darin besteht, dass es dem Menschen lediglich um Anhäufung von Gnade geht und nicht um wahre Verbindung zu Gott. Zudem denken viele, dass das Sakrament in der Feier „aus sich selbst" (SL,111) wirkt. Boff umschreibt diesen Sach-

16

verhalt mit „*der Geist der Magie*" (SL,111). Das Sakrament besitzt jedoch nichts Magisches von sich aus, der Mensch muss selbst danach handeln und konvertieren. Es drückt „den Triumph der Gnade über die Sünde" (SL,111) aus.

3. Zum Autor

Leonardo Boff ist bekannt aufgrund seiner Kirchenkritik. Der Befreiungstheologe ist am 14. Dezember 1938 in Brasilien geboren und seit dem Jahre 1959 im Franziskaneroden. Am 14. Dezember 1964 fand seine Priesterweihe statt (vgl. SL,50). Er studierte Philosophie und Theologie und promovierte 1970 in München. Ein Jahr später wurde er wegen seiner angeblichen Irrlehre kirchlich verwarnt und im Jahr 1984/85 wurde er „zu einem Jahr Schweigen durch den Vatikan"[3] verurteilt wegen seiner Kritik an der Kirche, die in seinem Werk *Kirche: Charisma und Macht* zum Ausdruck kommt [4] 1992 tritt er schließlich aus seinem Orden aus.[5] 2001 bekam er den alternativen Nobelpreis.[6]

4. Rezension

Boff gestaltet sein Werk für den Leser bzw. die Leserin mithilfe von zahlreichen Beispielen sehr anschaulich. Er hilft dem Rezipienten mit dieser Vorgehensweise, die Beschaffenheit und Intention von Sakramenten zu verstehen. Mit den Beispielen möchte er „den religiösen Reichtum wiedergewinnen, der in der symbolischen und sakramentalen Welt unseres täglichen Lebens enthalten ist" (SL,19). Denn die Sakramente „gehören [...] zum menschlichen Leben konstitutiv dazu" (SL,19). Boff gelingt es adäquat eine Brücke zwischen den alltäglichen Symbolen und dem Göttlichen zu schlagen. Es werden die vielen alltäglichen Sakramente des menschlichen Lebens aufgezeigt, die teilweise nicht mehr zu erkennen sind, aber wenn sie wahrgenommen werden, geben sie einem die Möglichkeit die „wirkmächtige Gegenwart der Gnade [zu] feiern" (SL,19). Die Beispiele stammen aus dem Alltag, wodurch es dem Rezipienten möglich wird, sie zu verstehen und mit

---

[3] Kindlers Literatur Lexikon: Boff.
[4] Vgl. ebd.
[5] Vgl. Domradio. Leonardo Boff.
[6] Vgl. Kindlers Literatur Lexikon: Boff.

eigenen Erfahrungen zu vergleichen. Es wird deutlich, dass das Heilige und Ferne von Sakramenten im Leben schon sichtbar wird. Boff hat einen „sakramentale(n) Blick für die alltägliche Wirklichkeit, der für die sieben Sakramente der Kirche einen sehr lebensnahen Zugang eröffnet.“[7] Wir können Gott in alltäglichen Dingen begegnen. Das Werk ist aufgrund der narrativen Sprache und der Gliederung gut lesbar. Dank der gleichklingenden Überschriften, vor allem vom zweiten bis achten Kapitel, und deren Aufbau, findet der Leser bzw. die Leserin einen roten Faden, der einen adäquaten Zugang für seine Darstellungs- und Argumentationsweise liefert. Zudem versucht Boff mithilfe von Bibelzitaten seine Erklärungen zu bekräftigen. Der Autor macht die schwierig anklingenden Sachverhalte der Sakramente einleuchtend und nachvollziehbar. Zudem wird auf alle theologischen Begriffe eingegangen, die mit dem Sakrament zu tun haben. Auf eine explizite Dogmengeschichte und kirchenrechtliche Seite wird verzichtet, um den Leser bzw. die Leserin nicht zu erschlagen.

5. Was sind Sakramente?

Ein Sakrament ist eine „religiöse Handlung, bei der besondere Gnaden [symbolhaft] vermittelt werden.“[8] Im christlichen Raum gehören zu diesen Gaben Wasser, Wein, Brot und Öl. Auf die sieben Sakramente der katholischen Kirche wurde zuvor schon eingegangen. In der protestantischen Kirche gibt es zwei Sakramente und zwar die Taufe und das Abendmahl.[9] Sakramente sind „von Christus eingesetzte und der Kirche anvertraute wirksame Zeichen des Heils.“[10] Zudem sind sie „*Zeichen* der Gnade, sie enthalten und mitteilen.“[11] Zeitlich vor dem Christentum stellte das Sakrament einen „Geldbetrag [dar], der von Prozessgegnern im Tempel hinterlegt wurde.“[12] Bei den römischen Soldaten galt das Sakrament als Eid. In der Vulgata wurde letztendlich μυστήριον (Geheimnis) mit *sacramentum* übersetzt.[13] Sakramente können nur Bedeutung haben, wenn sie im Glauben gesche-

---

[7] Seidl. Kleine Sakramentenlehre.
[8] Wahrig. Sakrament, S. 1092.
[9] Vgl. ebd.
[10] Neuenzeit. Sakrament, S.7.
[11] Schlette. Sakrament, S. 18.
[12] Viertel. Wörterbuch Theologie.
[13] Vgl. Viertel. Wörterbuch Theologie.

hen. Ansonsten sind sie in Gegenständen, Personen oder Geschichten nicht erkennbar. Sakramente setzen „den Glauben [...] nicht nur voraus, sondern durch
Wort und Ding nähren sie ihn auch, stärken ihn und zeigen ihn an; deshalb heißen
sie Sakramente des Glaubens. Sie verleihen Gnade, aber ihre Feier befähigt auch
die Gläubigen in hohem Maße, diese Gnade mit Frucht zu empfangen, Gott recht
zu verehren und die Liebe zu üben."[14]

---

[14] Sacrosanctum Concilium Nr.59.

6. Literatur:

Boff, Leonardo. Kleine Sakramentenlehre. Aus dem Portugiesischen von Horst Goldstein. 18. Aufl. Ostfildern 2010.

Domradio. Art. Der Theologe Leonardo Boff wird heute 75 Jahre alt : "Auf der Seite der Leidenden ..." vom 14.12.13. – In: http://www.domradio.de/themen/soziales/2013-12-14/der-theologe-leonardo-boff-wird-heute-75-jahre-alt; 31.01.14.

Kindlers Literatur Lexikon. Stuttgart/ Weimar 2009. – In: http://web14.cedion.de/nxt/gateway.dll/kll/b/k0084250.xml?f=tem pla-tes$fn=index.htm$q=[rank,500%3A[domain%3A[and%3A[field,bo dy%3ABoff]]][sum%3A[field,lemmatitle%3ABoff][field,bod y%3ABoff]]]$x=server$3.0#LPHit1; 31.01.14.

Konstitution über die Heilige Liturgie. *Sacrosanctum Concilium.* – In: http://www.vatican.va/archive/hist_councils/ii_vatican_council/doc uments/vat-ii_const_19631204_sacrosanctum-concilium_ge.html; 31.01.14.

Neuenzeit, P.: Art. Sakrament. Biblisch. – In: Fries, Heinrich (Hrsg.). Handbuch theologischer Grundbegriffe. Bd.4. 2. Aufl., München 1974, S.7-12.

Schlette, H.R.: Art. Sakrament. Systematisch. – In: Fries, Heinrich (Hrsg.). Handbuch theologischer Grundbegriffe. Bd.4. 2. Aufl., München 1974, S.17-21.

Seidl, Christoph. Kleine Sakramentenlehre. – In: http://www.buch-auslese.de/kleine-sakramentenlehre-2499.html; 31.01.14.

Viertel, Matthias (Hrsg.): Wörterbuch Theologie. Berlin 2006.

Wahrig, Gerhard. Deutsches Wörterbuch. Mit einem "Lexikon der Deutschen Sprachlehre". Gütersloh/ München 1986.